Hans Köster

Die Pommesballade

Nichts erdacht!

Alles erlebt!

Hans Köster

Bibliografische Information der Deutschen Nationalbibliothek:
Die Deutsche Nationalbibliothek verzeichnet diese Publikation in der Deutschen Nationalbibliografie; detaillierte bibliografische Daten sind im Internet über http://dnb.ddb.de abrufbar.

ISBN 978-3-86870-116-6

www.rediroma-verlag.de
10,95 Euro (D)

INHALTVERZEICHNIS

Die Pommesballade 8

Mein Geburtstag 15

Wiedersehen am Meer 17

Unsere Kohle 19

Meine Chef`s 20

Der alte Mann auf der Brücke 21

Kumpel 23

Die Frauen 24

Kohle am Stück 26

Der Lästerer 28

Das üppige Mahl 29

Das Schicksal 30

Blau und Weiß 31

Abschied 33

Das Grubenmäuschen 34

Der Freundeskreis 36

Des alten Zechers Leiden 37

Der Kollege 39

Horsti 40

Klein Fritzchens Menschbetrachtung 42

Zu Hause 47

Männer der Grubenwehr 49

Sehnsucht nach dem Meer 50

Traubenzeit 51

Die glitschige Spalte 53

Am Meer sein 55

Nikolaus kommt 56

War einmal 58

Robbinchen 59

Weihnacht 61

Lang ist`s her 63

Mensch, Pflanze und Tier 66

Karl Heinz aus Gelsenkirchen 67

Die verdammte Blase 69

Der alte Bergmann und das Kind 70

Der Grappscher 72

Der Tod 74

Danke 75

Die Pommesballade

Papa, Mama und Sohnemann schauen sich die Stadt mal an.

Ist der Kurze noch so klein, ne Schale mit Pommes passt immer hinein.

Dabei Mama, die Schlanke, verzichtet auf datt Ganze.

Papa muss verzichten schon wieder, zu eng sitzt bereits das Mieder.

Indes die Pommes in der Schale des Kleinen dämpfen,

die Alten mit der Enthaltsamkeit kämpfen.

Die Mutter schon ans Aufgeben denkt,

der Vater den Blick woanders hin lenkt.

Der Kleine beim Essen das Hinsehn vergessend,

naht Mutters Rollgriff, schon wars geschehn,

fünf Stück auf einmal, wie konnte das gehn.

Vom Aufschrei des Kleinen nach Sicht seiner Habe,

der Vater neidisch zur Mutter spricht:

„So lass doch dem Kind die doofen Dinger!“

Greift selber aber zu und versaut sich die Finger.

Der Kleine erbost und schmatzend spricht:

Holt selber Euch Welche! Warum denn nicht!

Ein Blick zur Habe des Kleinen,

vereint die Beiden zu meinen:

„Der Kleine hat Recht! Warum denn darben?

Anne nächste Bude, werden wir uns laben!

Papa, Mama und Sohnemann sehen weiter sich

die Stadt nun an.

Schon wieder naht der Duft von Pommes und Majonaise,

der Kleine ist immer den Alten noch böse.

Der Vater indes nicht mehr zu halten,

kann kaum die Spucke im Munde noch halten.

Der Kleine nach Ersatz für seine „Pommelz“ verbal demonstriert,

die Mutter keifend dagegen moniert.

Der Vater an der nächsten Bude angekommen,

sich erst ein Pils zur Brust genommen.

Mutter und Sohnemann noch immer diskutierend,

Vater sein Zweites inhalierend.

Plötzlich naht Mutter mit garstig Kind,

Vater schnell sein Pils austrinkt.

„Wo warst Du so lange?“ Vater spricht,

„Siehst Du die krumme Schnute von dem da nicht?“

Meint Mutter vom Zorne rot.

„Watt iss denn gezz mit Pommes weiss rot?“

„Ach ja, Kalle! Datt wa et watt ich eigentlich wollte."

„Zweimal doppelt Pommes, gut gesalzen und so!"

„So scharf wie gestern nach der Schicht?" der Kumpel hinter der Theke spricht.

Mutter und Sohn vernehmen es mit Entsetzen,

das Vater auch gestern hier war schwätzen.

Und hatte auch Pommes mit Majo und so.

Darauf zuerst die Mutter spricht:

„Von wegen, Du abnehm, Du zu viel Gewicht?"

Dann auch der Bengel quängelnd spricht:

„Ihr habt wieder Pommelz und ich nich!"

Die Mutter reicht Vaters Schale dem Knaben

und meint zu ihrem Gatten:

„Heut iss nix mit Pommes, Du musst diesmal darben,

Dein Sohn will se haben!"

Nach Ostern

Ob Hühner –oder Schokoei

das war dem Friedrich einerlei.

Blitzschnell entpackt, in wenigen Sekunden,

war es in Friedrich Schlund verschwunden.

Sein Körbchen gefüllt mit Allerlei

aus Schokozeug und Hühnerei,

aus diesem Grund, immer schon leer war

nach ein paar Stund.

Derweil Friedrich ohne Besitz,

grübelte nach einer List.

Da Schwesterleins Körbchen,

auch noch nach Tagen

noch voll bis zum Rand war,

mit den herrlichen Gaben,

riet zum Spiel ihr,

ihre Eier zu Verstecken im Garten.

Das Suchspiel ging mal hin mal her,

Friedrich spürte die Lust nicht mehr,

vertilgte schnell das Spielgerät,

indes Schwesterchen bis 100 zählt.

Die Schwester suchte unumwunden

jedoch ihr Ei, es blieb verschwunden.

Schließlich gab man auf, man suchte nicht mehr,

ein neues Ei von Schwester musste her!

Auch dieses mal nach kurzer Dauer,

Friedrich vom Spiel war wieder sauer.

Wieder war Friedrich dran am Verstecken,

verschlang dabei das zweite Ei,

vergaß sich aber leider zu belecken.

Als wieder sie suchten das verschwundene Ei

und Schwesterchen so nebenbei

schaute hin auf Friedrichs Mund,

sah das Gelbe an seinem Schlund,

dann ging`s aber im Garten rund,

gab`s Ärger für klein Friederich,

hätte er Schwesterchens Eier

doch vernichtet nicht !

Mein Geburtstag

Als ich noch klein war,

so an Jahren, drei bis acht,

da hat es immer Spaß gemacht.

Da kamen Oma, Opa, Tanten

und noch viele Gratulanten.

Ab dem Jahre acht

wurde nicht mehr so viel Trara gemacht,

da reichte der Kumpel zwei oder drei,

fürs Kino mit anschließender Klönerei.

Mit 18 war nichts mehr mit Kino und Pizzen,

da bestimmten den Ablauf bereits die Miezen.

Ein kleines Geschenk, von der Liebsten in Gravur,

kam besser an als Opas Uhr.

Später ging es dann wieder los wie mit acht,

kamen wieder Oma, Opa Tanten

und noch mehr an Gratulanten.

Die Freunde und Verwandtenschar

nicht mehr zu übersehen war.

Es wurde hochgelebt der Geburtstagsknabe,

bei Feier, Spiel und Tanz bis um drei,

von denen heut keiner mehr dabei.

So ist nun mal des Lebens Wechselspiel,

mal hat man wenig, mal hat man viel!

Wiedersehen am Meer

Lange warn wir nicht mehr dort

In Ost wie Nord,

hinter den hohen Deichen,

liebend gern in stürmischen Zeiten.

Dem Sturm getrotzt im eisigen Wind,

am Strande erfreut sich wie ein Kind.

Den Abend verbracht bei Fisch und Wein,

hoffentlich bald wieder wird's sein!

Dann will ich hocken bis spät in die Nacht,

Mond und Sterne sehen über dem Meer,

vielleicht gibt es später kein Wiedersehn mehr.

Bald ist es so weit, ich weiß es genau!

Wenn die Tage werden wieder grau,

dann wird es Zeit, für die Liebste und mich,

zu fahren ans Meer bei Wein und Fisch!

Unsere Kohle

Lange schon sie wird gebrochen,

von des Bergmanns starker Hand.

Wurde sie gezogen zum Schacht,

ans Licht zu heben bei der Nacht.

So war es immer tagaus, tagein,

in Zukunft wird es nicht mehr sein.

Die Kohle, der Bergmann, vergessen, vorbei,

selbst den Schacht macht man zu,

dann gibt der Gegner der Kohle erst Ruh.

Die Kohle, den Bergmann in der Geschicht

zwar man nicht vergisst,

Energie aber nicht mehr zu bezahlen ist!

Meine Chef`s

Die Chef`s die ich so hatte,

muss ehrlich gestehen hier,

waren eigentlich alles

gestandene Persönlichkeiten nur.

War keiner dabei, dass ich heute

müsst sagen, der ja, der andere nicht!

Ein Jeder war zu ertragen,

bei Arbeit, Freude und Pflicht!

Der alte Mann auf der Brücke

Jeden Morgen auf der Brücke, genau um zehn,
sehe ich den alten Mann dort stehn.
Sein Blick geht übers weite Meer,
die Mütze in der Hand, als grüße er
Jemanden unbekannt.
Wer ist der alte Kapitän,
der morgens um zehn,
den Blick lässt übers Wasser gehn?
Rassmussen, wird er genannt,
war auf allen Meeren bekannt.
Wieder war er mal nicht da,
als seine Frau ein totes Kind gebar.
Auch die junge Mutter den Tod dabei fand,
er nur noch allein da stand.

Morgens um zehn,

übergab man sie der tobenden See.

Von da an, viele Jahre um zehn,

der Alte auf der Brücke steht,

bei Regen, Sturm und Wind,

aufs Meer hinausschaut

und grüßt sein Weib und Kind.

Kumpel

Kumpel hier und Kumpel da,
sagt ein jeder gern einmal.
Keiner weiß mehr wer der war,
der einst dieses Wort gebar.

Der Bergmann war`s in tiefer Nacht;
der Hauer an der Kohlenwand;
der seinem Kameraden reicht die Hand
und sagte klipp und klar:
„Du bist mein Kumpel und ich Dein,
so ist keiner in Gefahr allein!“

Drum denke an des Bergmanns Hort,
wenn Du benutzt das Kumpel Wort!

Die Frauen

Frauen richtig zu beschreiben, das ist wahr,

käme schon einem Wunder nah.

Zu viele waren es in all der Zeit,

bei Arbeit, Familie und Geselligkeit.

Da gab es einige darunter,

den Garaus zu wünschen mitunter.

Einige waren ruhig und friedlich,

selbst bei Wein und Bier,

machten nie Probleme wie ihre Männer hier.

Andere bei Wein und Bier,

in einer Ballade steht´s treffend genau,

nur das Tier falsch genannt ist,

gemeint ist die Sau!

Jedoch der größte Teil von Allen,

eine Augenweide, sternengleich

und wunderschön,

hat uns immer sehr gefallen,

hoffentlich noch lange,

so wir´s weiter gehn!

Kohle am Stück

Nun war ich Bergmann, wie es Vater war,
die Kohle am Stück aber noch nicht kannte.
Nur Kohlennüsse eins, zwei, drei und vier
vom Landabsatz hier im Revier.
Wollt einmal richtige Kohle sehn,
so wie sie vom Bergmann gebrochen.
In der Wäsche waren die Stücke größer schon,
die ich am Leseband konnt sehn.
Dann kam der Tag, ich durft in den Schacht,
zu „Fahren“ ins dunkle Revier.
Ganz nah, ich war schon an der Wettertür,
da hört ich des Hammers Schläge.
Mein Herz es schlägt, wie bei der Liebsten mir,
ein Geräusch mit seltenem Klang,

es war des Meißels Donnerschlag,

mit der die Kohle in Stücke sprang.

Noch ein paar Meter bis an der Strecke Stoß,

dann endlich konnt ich sie sehen, wie
unermesslich groß.

Hätt nie gedacht das schwarz Gestein,

so glänzet in der Nacht.

Wenn`s dann auch noch zu Tag gebracht,

dann scheint`s ein Edelstein zu sein!

Der Lästerer

Lästern über des Andern Pein,

das konnte er, gewählt und gemein.

Nur seine Macken, die sah er nicht,

selbst wenn man`s ihm zeigte, dem armen Wicht!

ER macht es stets richtig, Familie und so,

nur dachte es ER, keiner anderswo!

Da macht man sich lustig über ihn, den Wicht;

Und denkt, iss der doof, sieht der datt nich ?

Das üppige Mahl

Das üppige Mahl

aus Fett meist besteht!

Muss aber nicht!

Bringt nur Gewicht!

Das Schicksal

Das Schicksal, wenn es einen trifft,

nicht immer ohne Folgen ist.

Den einen trifft es hart,

den anderen auch nicht!

Drum trau dem Schicksal nur,

bleibst Du ihm auf der Spur!

Blau und Weiß

Blau und Weiß sind meine Farben,
Blau und Weiß ein Blümelein.
Blau und Weiß welch schöne Farben,
in der Welt kein Andre gleich.

Blau und Weiß im Mannschaftszwirne,
gibt es viele rundherum.
Doch die eine, die ich meine,
macht mich rasend, sei`s darum.

Ganz tief hier im Westen,
sind sie meist die Besten.
Wenn`s zum Ende der Saison,
trotzdem wieder mal nicht reicht,

träumt man jedenfalls davon,

im nächsten Jahr dabei zu sein.

Doch irgendwann wird`s wieder sein,

die Meisterschale, vom Metalle fein,

auf Blau Weiß S04, im Tempel,

da wird sie dann zu sehen sein!

Abschied

Der Abschied,

wie soll ich sagen,

liegt oft schwer im Magen.

Doch genieße nicht nur das Wiedersehn,

Du weißt, auch Du musst einmal gehen.

Musst gehen ohne Wiederkehr,

Dann gibt es keinen Abschied mehr!

Das Grubenmäuschen

Der alte Kumpel im Lampenschein,
auf der Kiste sitzt so ganz allein.
Das Pausenbrot gar duftet sehr,
ein Mäuschen naht, den Magen leer.
Ein Stück vom Brot er bricht und spricht,
Du armes Viech, sollst hungern nicht!
Wirft`s hin dem elend Kriechgetier,
das Mäuschen piepst, ich danke Dir.
Von nun an jede Schicht um acht,
der Kumpel seine Pause macht.
Genau, immer zur gleichen Zeit,
das Mäuschen übt Geselligkeit.
Schon kommt es fast schon an den Schuh,
nicht mehr lang, dann sind sie per Du!

Selbst wenn die Sorgen den Alten

drücken zu Hauf, wenn`s Mäuschen kommt,

hellt alles auf!

An diesem Beispiel sehen wir,

wie gut´s dem Menschen tut, das kleinste Tier!

Der Freundeskreis

Die Arbeit sie einst zusammengeführt,

ein jeder vom andern hat Achtung verspürt.

Viele Jahre in Mühe und Glanz,

bei Arbeit, Feier, Spiel und Tanz.

Auch wenn der eine mehr hatte, der andre nicht,

störte der Freunde Zusammenhalt nicht.

Bis eines Tages, da war es vorbei,

es herrschte nur Feindschaft und Streiterei.

Zuviel war dem Einen der Erfolg beschieden,

dass Andrer damit konnte sich begnügen.

Der Freundeskreis der einst beschlossen,

Ja, sogar in Gravur gegossen,

Erinnerung genossen!!

Des alten Zechers Leiden

In allen Lagen, nicht nur in Reben,

wurde beim Zechen Gas gegeben.

Im Vereine beim Weine, auf der Arbeit beim Bier,

nie hatte man Einspruch gegen ein Gläschen hier.

Die Jahre vergingen, erst kam das Gewicht,

anschließend der Bauch,

die Gelenke sie schmerzen,

das andere halt auch.

Jacke wie Hose, Schuhe und Hemd,

es gab keine Stelle, die nicht klemmt.

Oft ohnmächtig auf der Suche nach größeren Brocken,

verließ man sauer den Laden und wünschte man wäre Trocken.

Ach könnt es doch einmal wie Früher noch sein,

dann ließ ich die Finger vom Bier und vom Wein.

Ließe andere saufen auf Partys und so,

würde Wasser nur trinken oder täte nur so.

Es bräuchte ja nicht wie früher mal sein.

Nur ab und zu mit den Freunden ein Wein oder Bier.

Muss ja nicht immer bis morgens sein,

reichte ja auch bis um Vier.

Ach watt! Watt soll der ganze Quatsch eh,

die Jahre vergehn, die Schmerzen auch.

Klar, man wird nicht jünger in den Jahren.

Aber jetzt schon Abstinenzler sein?

Nur einmal blüht im Jahr der Wein

und einmal im Leben die Liebe.

Dann will ich lieber krank mal sein,

vom Saufen und von der Liebe!

Der Kollege

Kollege ist der, wie soll ich sagen,

Einer, den könnte man sich sparen.

Kollegen hatte ich viele im Leben.

War keiner dabei um ernst zu nehmen.

Einmal hatte ich an einer Stelle drei,

aber nie waren alle zugegen.

Ich glaube so iss datt mit den Kollegen!

Horsti

In Ückendorf da steht ein Haus,

da drinnen spiegelt sich der Morgen.

Ein Baum von Kerl schaut dort heraus,

ein Horst, ein Schöner, ohne Sorgen.

Gegelt, geglättet die Frisur, so kannte man

den Schönen nur.

Mit Arbeit hat er nichts am Hut,

reichte ihm, wenn`s andrer tut.

Die Damen waren`s,

die blöden und feinen,

die sorgten und zahlten für ihn,

er konnte zuweilen mit anderen Opfern

um die Häuser ziehn.

Irgendwann war es vorbei,

Horsti war nun vogelfrei.

Gab keine Blöde weit und breit,

die zahlte für seine Glückseligkeit.

Das Geschrei war groß, Hilfe musste her,

er wusste zu zahlen seine Keife nicht mehr.

Für die Arbeit zu doof und zu faul,

war nichts mehr mit großem Maul.

Vater, Mutter, Geschwister, Lehrer,

Meister und Frau, redeten oft von fauler Sau!

Doch plötzlich, wie vom Himmel der Rat,

die Politik für ihn was Gutes hat.

Das war es! Noch viel besser als Wirt!

Hier wird man geachtet, wenn gar noch hofiert.

Wird hoch noch bezahlt, Diäten und so.

Hier mach ich Karriere, nur weiter so !

Klein Fritzchens Menschbetrachtung

Der Mensch besteht zu 60% aus Wasser.

Der Rest erzeugt Schmerzen.

Der Rest sind Knochen, Zähne, Augen, Ohren

und der Magen mit Gedärme.

Schmerzen im Magen kommen daher,

weil man alles in sich reinfrisst!

Männer haben meistens noch die Leber,

aber die brauch man eigentlich nicht.

Trotzdem wird sie oft gewechselt.

Genau so wie Herz und Lunge.

Der eine hat ein großes Herz,

der andere ein kleines.

Genau so ist das auch bei der Lunge.

Kommt drauf an wie groß und alt

der Mensch ist!

Die Knochen knacken schon mal,

aber das ist ganz normal,

weil da die Gelenke drin sind,

die sich ständig verbiegen!

Die Zähne in der Mundgegend

sind für das Zerkleinern der Essensreste

zuständig, die nicht so geschluckt werden können.

Wenn sie alt sind, kann man sie beliebig oft wechseln.

Oder wenn man Goldene haben will da drin!

Die Ohren sind außer zum Waschen,

auch noch zum Hören da. Mehr nicht!

Unsere Augen sind das höchste Gut.

Wenn wir die nicht hätten,

wären wir blind, bei Tag und bei Nacht!

Deshalb schützen wir sie vor der Sonne

und sonstigen Verblendungen mit Brillen.

Die nehmen wir auch zum Lesen

und Fernseh gucken!

Mein Opa hat ganz viele davon! Oma auch!

Opa muss noch irgendwo eine Blase haben.

Meint er jedenfalls. Oft ärgert sie ihn.

Meistens Nachts!

Dann ist da noch der Blutkreislauf

mit vielen Schläuchen, dicke und dünne.

Auch ganz dünne sind da drin!

Die versorgen die ganzen Teile mit Blut.

Wenn das nicht passiert, stirbt der Mensch

an Blutarmut!

Blutarmut stellt man ganz einfach fest.

Dann ist der Mensch weiß, wie beim Kotzen.

Sonst ist er rot! Fast!

Für alles gibt es Tabletten, oder das Krankenhaus.

Nur das ist nicht so gut.

Besser wenn was ist, sofort zum Hausarzt,

egal welcher.

Die sind jeden Tag da und warten nur darauf,

dass ein Verletzter vorbei kommt!

Wenn der Mensch stirbt,

kann man bestimmte Teile ausbauen und da,

wo sie unbedingt gebraucht werden,

wieder einbauen.

Das nennt man Transplantieren.

Ist wie bei der Autoreparatur. Nur mit Blut dran.

Und man muss aufpassen,

dass man kein Werkzeug im Mensch liegen lässt!

Wenn der Mensch gestorben und richtig tot ist,

wird er beerdigt oder auch verbrannt.

Beim Verbrennen fällt weniger Asche an,

wegen der Umweltverschmutzung auf

dem Friedhof und ist billiger, sagt mein Opa!

Weil man keine Kränze brauch!

Zu Hause

Meine Heimat hier im Westen,
wo die Fördertürme stehn,
ist die Heimat meiner Ahnen,
ich bin ein alt Bergmannskind.

Wo die Emscher fließt mit Resten,
wo 04 steigt Auf und Ab,
ist die Heimat meiner Ahnen,
ich bin ein alt Bergmannsknapp.

Bin ich einmal in der Fremde,
zieht es mich nach Hause hin,
weil ich nur in meiner Heimat
glücklich und zufrieden bin.

Nichts ist mehr wie sonst geblieben,

keiner mehr kann Bergmann sein,

in der Heimat seiner Ahnen,

traurig ist`s um wahr zu sein!

Männer der Grubenwehr

Männer, das Wort verbindet man gern,
mit „Groß wie ein Baum“ und „Stark wie ein Bär“.
Es gibt aber auch Männer in unserem Land,
die im Bergbau als Grubenwehrmänner bekannt.
Sie prahlen nicht mit persönlichem Glanz,
ihr höchstes Gebot,
im Bergwerk bei Brand und Not,
den Bergmann zu retten, wenn Gefahr ihm droht.
Dabei ein Jeder sein eigenes Leben,
nicht zögert, für den Anderen hin zu geben.
Hier meine ich und das nicht als Frau,
die Bezeichnung Männer, passt genau !!

Sehnsucht nach dem Meer

Manchmal wünschte man sich,

man wäre weit weg am Meer.

Würde am einsamen Strand

den Wogen und Wellen zuschauen

beim täglichen Spiel.

Als Junge allein sein am Meer,

das wollte ich so sehr.

Oder am Abend, die Sterne zählen,

mit der Liebsten bei Wein,

Meeresrauschen und Mondenschein!

Später, mit grauem Haar und allein,

wollt ich nicht mehr!

Traubenzeit

Die gefiederten Zecher im Garten,

sie sitzen schon bereit.

Man hört es förmlich zwitschern,

es naht die Traubenzeit.

Da sind sie alle wieder,

Amsel, Drossel, Fink und Star,

wie jedes Jahr es immer war.

Selbst die alte, graue Meise

meint , sie gehört noch zu dem Kreise.

Auch das versoffene Elsternpaar,

auf der hohen Mauer,

liegt schon lechzend auf der Lauer.

Wirt Rambo, aus den „Goldenen Reben“,

sah man schon heimlich eine Probe nehmen.

Jedoch, es schien ihm noch nicht zu munden,

er war dann wieder ins Dickicht verschwunden.

Derweil zwei Alkis, Fink und Star,

sich kloppten um ein süßes Traubenpaar.

Noch ist es ruhig an der Laube,

bei den „Goldenen Reben“.

Nur, wenn des Mostes Duft

steigt in Schnabel und Gefieder

und die betrunkene Horde pfeift ihre Lieder,

dann freuen auch wir uns wieder !

Die glitschige Spalte

Der Steinquell am Teich

schon so manchem Gefieder

geholfen hat wenn matt seine Glieder.

Besonders wenn die Sonne hoch am Himmel stand,

konnte Vogel löschen seinen Brand.

So kamen sie alle zu mancher Stund,

sich vollzuschlagen ihren Schlund.

Frühmorgens schon, es war kaum Zehn,

war Adalbert und Adele dort zu sehn.

Ein Taubenpärchen elegant und fein

gingen nie ganz ins Wasser hinein.

Adalbert, der etwas ältere Täuberich,

vorsichtig einem glitschigen Spalt auswich.

Platsch! Da war es schon geschehn,

man konnte ihn fast nicht mehr sehn.

Adele gurrte nur vor Lachen,

als sie sah das Versinken ihres Gatten.

Adalbert aus den Tiefen des Teiches kroch,

Adele gurrte vor Lachen immer noch.

Von nun an mied Adalbert, der Alte,

den Gang vorbei an der glitschigen Spalte.

Am Meer sein

Steh ich am Meer

in Sturm und Wind,

im Herz mir ist`s

als wär ich noch Kind.

Möcht umarmen der Wogen

und Wellen Gischt

und lauschen wie es rauscht und zischt.

Möchte im Dünengras liegen,

tanzen am Strand

und wie die Kinder spielen im Sand !

Nikolaus kommt

Der Nikolaustag für Friedrich war
einer der schwarzen Tage im Jahr.
Im Buch vom Nikolaus stand geschrieben
du sollst Vater, Mutter und sogar
deine größere Schwester lieben.
Das alles ging Friedrich gegen den Strich,
von all dem Käse hielt er nichts.
Darum gab es Abends wieder
mit der Rute was aufs Mieder.
Selbst das Verraten fremder Taten
und ein vorgetragenes Gedicht,
beeindruckte den Schwarzen nicht,
auch weil Taten aus dem letzten Jahr,
wieder Tagesordnung war.

So ging es alle Jahre wieder,

das Rollenspiel es änderte sich,

ein anderer war nun Friederich!

War einmal

Die Jugendzeit sie war einmal.

Vergangen auch der „Freunde“ Zahl.

Dem einen alles Vergangen, Vergessen,

Erinnerung ist, der andere daran zerbricht.

Bleibt nur die Einsicht klipp und klar,

dass alles nur reiner Zauber war.

Drum denke stets, wenn Dich Erinnerungen umschlingen,

an unseren „Götz von Berlichingen“ !!

Robbinchen

Robbinchen, das ältere Robbenkind,

zu Hause beim Fischen die Luft ausging.

Es sagte zu den Geschwistern,

es waren vier,

ich werde mich ein bisschen umsehen,

aber ihr bleibt hier.

Die Eltern weitab von dem Geschehen,

hatten ihr Kind dann nicht mehr gesehen.

Da draußen in der Wasserwelt,

war`s auch nicht leicht für sie bestellt.

Bis eines Tages am Hafen,

viele Menschen sie vernahm.

„Das arme Kind so ganz allein,

wird wohl verstoßen worden sein!"

Die Fischbude in der Nähe stand,

wurde Robbinchens Lieferant.

Fisch für Robbinchen, auf dem Schilde steht,

Robbinchen nie mehr die Luft ausgeht !!

Weihnacht

Schon wieder ist das Jahr vorbei.
Schon wieder kommt die Weihnachtszeit.
Schon wieder eilt man hin und her
Geschenke zu kaufen, immer mehr.

Schon wieder kommt der heilige Christ,
der für uns gestorben ist.
Zu überschütten uns mit Frieden,
ach wäre er nur da geblieben!

Schon wieder der heilige Abend naht,
mit Christbaumschmuck und Trallala.
Da wird gebetet, gefressen, ausgebrochen
und natürlich manches weggesoffen!

Da wird gefeiert, getanzt und vereint,

nur wenig Schönes gemacht.

Trotz alldem, spricht man von Heiliger Nacht

und von dem Heil das uns gebracht!

Lang ist`s her

Als ich ein kleiner Junge war,

kaum sieben Jahre alt,

bin ich in alle Löcher gekrochen

und gehofft, ich werde Bergmann bald.

Konnt unters Bett, im Schrank, in einem Koffer,

vor Vaters Prügel in Deckung gehn.

Mit 18 dann, ich weiß noch genau,

verführte mich einst eine schöne Frau.

Sie lud mich ein zum Glase Bier,

ich bin geblieben bis um Vier.

Nach Hause konnt ich nicht mehr gehn,

hab nur noch Sterne dort gesehn.

Am Morgen die Mutter fragte, wo warst Du die Nacht?

Ich hab nur gerülpst und laut gelacht.

Vater meinte, lass ruhen den Knaben,

wer weiß, watt der alles im Leben noch vor sich wird haben!

Der Durst wird größer, wird wachsen der Bauch,

der Liebe Laster wird weniger auch!

Die schöne Frau ist immer noch da,

es hat sich verändert nur ihr Haar.

Bei mir ist geblieben nur der Durst und mehr Bauch!

Der Liebe Laster, wie war es doch schön,

ach könnt ich wie damals, die Sterne noch sehn!

Heut weiß ich, wie Recht er hatte der Weise,

mit dem „vor sich wird haben",

die Kilolast erdrückt fast den Knaben.

Sie drückt auf Knochen und Glieder,

es passt kein Hemd, es klemmt das Mieder.

Die größten Löcher, alle zu klein,

ach hätt ich gelassen das Saufen doch sein !

Mensch, Pflanze und Tier

Bei Mensch, Pflanze und Tier,

ist es ähnlich wie bei Wein, Schnaps und Bier.

Der Wein erst im Alter hat seine volle Pracht,

der Schnaps schon so manchen zum

Blühen gebracht.

Das Bier, so verschieden das Gebräu,

so manchen Ochsen geführt ins Heu!

Karl Heinz aus Gelsenkirchen

Bin Karl Heinz aus Gelsenkirchen,
wünsch mir eine Frau wie Du,
eine, die kann viel malochen,
weil ich bin zu faul dazu.

Auf Maloche gibt kein Fernsehn,
gibt kein Video kein Bier,
geh ich lieber in die Kneipe,
jeden Tag von acht bis vier.

Einen Daimler möchte ich haben,
eine Harley noch dazu,
mann, dann kann man ja nur sagen,
Mensch, Karl Heinz ein Kerl bist Du.

Ist das Leben mal zu Ende,

auch Karl Heinz muss einmal gehn,

wird er allen Engeln sagen,

auf Erden war es wunderschön!

Die verdammte Blase

Müde bin ich geh zur Ruh,

senke Bauch und Lider,

plötzlich an des Schames Bein,

klemmt verdammt das Mieder.

Strample hin und strample her,

strample auch zur Seite,

Mieder nun woanders sticht,

fordert jetzt Blase zum Streite.

Blase meint, du kannst mich mal,

Du doofes Mieder

und fordert zum Aufstehn mich wieder!

Der alte Bergmann und das Kind

Ein Junge zu dem Alten spricht,

sag, Opa ist es wahr,

das unter uns an Ruhr und Saar,

noch richtig Kohle war?

Der Alte schaut den Jungen an,

ja sicher, lang ist`s her.

Da waren Flöze breit und hoch

und tief so wie das Meer.

Da kämpften Männer Tag wie Nacht,

mit Schlägel und Eisen im Schachte,

um uns zu versorgen mit Energie,

obwohl man sie lange nicht achtet.

Wo sind sie alle geblieben,

die Männer in dem Schacht?

der Junge den Alten nicht lässt ruhn.

Ach, mein Junge, der Alte spricht

und rang nach Luft,

das ist eine lange Geschicht,

das alles will ich Dir erzählen mal,

nur heute kann ich es nicht!

Der Grappscher

In Wattenscheid in einer Bar,

saß einst ein tolles Liebespaar.

Sie tranken viel vom Weine, den roten,

er bekam laufend von ihr auf die Pfoten.

Verdutzt die andern schauten drein,

er aber ließ das Fummeln nicht sein.

Sie ihn zum Tanze bat vom Tisch,

ins dunkle Eckchen zu verziehen sich.

Im dunklen Eckchen er ging auf`s Ganze,

riss an dem Mieder der Liebsten beim Tanze.

Fummelte auch an den Häkchen, den feinen,

um möglichst zu Lösen das eine.

Zu ungeschickt waren die Griffel von Finger,

das Häkchen brach ab,

es fielen herab die Dinger.

Verdutzt die andern schauten drein,

als sie ihrem Tänzer einen haute rein.

Er war von schwächlicher Figur,

kaum größer als ne Parkuhr nur.

Er flog wie ein Geschoss durch den Saal,

man kann wohl sagen, es war einmal!

Drum Vorsicht, mein Lieber, ist immer geboten,

trinkst Du zu viel, vom Weine dem Roten!

Der Tod

Er kommt sowieso.

Ob früh oder spät.

Hauptsache er mäht!

Die Sichel hat er immer dabei.

Meistens zwei!

Danke

Als ich noch klein war,

wurde ich nicht gefragt

ob ich wollte und was!

Da hieß es nur immer,

Du machst dies und das!

Als ich dann größer wurde mit Schrecken,

fing ich an die Welt zu entdecken.

Fand viel heraus, für was und wofür.

Verdammt viel Lehrgeld gezahlt dafür!

Als ich später Liebe und Geld als Ziel mir genommen,

dachte ich erst ich wäre Verkommen.

War im Zweifel mit Anstand, Gier und Frömmigkeit,

aber das legte sich mit der Zeit.

Nur irgendwann, noch früh genug,

da fiel mir ein, da muss doch noch was andres sein.

Als ich sah, das nicht alles Gold was glänzt,

hab ich einen Teil der mir ward versprochen,

wirklich Armen zugesprochen.

Oft, wenn ich meine zu verzagen,

hör ich eine Stimme Danke sagen !!

Weitere Bücher von Hans Köster:

Die Bahninsel

Erinnerungen eines Jungen aus dem Ruhrgebiet

ISBN 978-3-940450-63-0 12 Euro (D)

Die Bahninsel 2

Erinnerungen eines Jungen aus dem Ruhrgebiet

ISBN 978-3-86870-006-0 10,95 Euro (D)

Marius

Eine Reise in eine andere Welt mit familiären Erinne-

rungen

ISBN 978-3-86870-013-8 9,95 Euro (D)

So wa et eben

Eine kleine Sammlung überwiegend aus dem Bergbau

stammenden Kurzgeschichten

ISBN 978-3-86870-025-1   17,50 Euro (D)

Unsere anderen Kinder

Eine Haustiergeschichte

ISBN 978-3-86870-037-4   9,95 Euro (D)

Der Kohlenkönig aus der Lohrheide

Millieuroman

ISBN 978-386870-059-6   12,95 Euro (D)

Von „Hollis“ und „Zollis“

Eine Kohlbergspinnerei

ISBN 978-3-86870-095-4 9,95 Euro (D)

Erich & Co

Roman

ISBN 978-3-940450-79-1 12,50 Euro (D)

Kontakt:

Köster Helma und Hans

Op de Bredde 2

45889 Gelsenkirchen

Tel. +49/209/876469

Mobil: 01725834847

Internet: www.hans-koester.de